www.kreative-manufaktur.de
Jetzt auch online
Selbermachen. Genießen. Verschenken.

Selbermachen. Genießen. Verschenken.

Schoko-Köstlichkeiten aus der kreativen Manufaktur sind schöne Geschenke und Mitbringsel: mit Sorgfalt hergestellt, mit Liebe verpackt.

Karina Schmidt • Anna Postel

SÜSSE GESCHENKE
MIT SCHOKOLADE
Kleine Köstlichkeiten lecker verpackt

Inhalt

Schokolade, Schokolade

Schokolade ist Seelentröster in der Not, Belohnung für große Taten, krönender Abschluss eines feinen Menüs, kleine Sünde zwischendurch, Highlight des Kaffeekränzchens ... Kurz: Schokolade geht immer. Egal ob Schokoladentafel, Torte, Kuchen, Kekse, Trinkschokolade oder Konfekt, Schokolade ist für Genießer, die süße Sachen lieben, der Himmel auf Erden.

Daher haben wir der Schokolade ein ganzes Buch gewidmet und uns der unterschiedlichen Facetten des Themas angenommen. Dabei kommen Klassiker wie Biskuitrolle und schokolierte Früchte genauso zu ihrem Recht wie neue Ideen. Entdecken Sie Mousse-au-Chocolat-Likör, Rum-Kardamom-Kugeln, Schokokekse mit Himbeerfüllung oder Push-up-Pops.

Schokolade ist nicht nur immer wieder ein Genuss, sondern auch ein ideales Geschenk. Und da jedes mit viel Liebe hergestellte Geschenk einen angemessenen Auftritt verdient, haben wir zu jedem Rezept eine Verpackungsidee entwickelt. Mal etwas aufwendiger, mal ganz einfach: Für jeden ist eine Idee dabei. Viel Freude beim Kreativsein und Schenken!

Köstlichkeiten aus dem Backofen

Wie das duftet! Kleine Schoko-Köstlichkeiten, die warm aus dem Ofen kommen, verführen zum Naschen. Schoko-Muffins, Kuchen im Glas oder Schoko-creme-Herzen kann man einfach nicht widerstehen. Bon appétit!

WAS ICH
DIR SCHON
LANGE SAGEN
WILL ...

Leckere Kuchen, Cupcakes und Kekse aus der Schokoladenmanufaktur, verfeinert mit sahniger Creme und frischen Früchten, sind nicht nur eine Gaumenfreude, sondern auch ein Augenschmaus. Ein solcher Genuss in jeder Hinsicht ist immer ein willkommenes Geschenk.

Schokocreme-Herzen zum Dahinschmelzen

Den Backofen auf 180 °C vorheizen. (Keine Umluft verwenden! Das trocknet den Teig zu sehr aus.) Trennen Sie die Eier. Schlagen Sie das Eiklar mit einer Prise Salz auf. Geben Sie den Zucker nach und nach hinzu und schlagen Sie alles zu einer relativ steifen Masse. Nun die Eigelbe nacheinander unterheben. Anschließend das Mehl mit einem Teigschaber unterheben.

Streichen Sie den Biskuitteig gleichmäßig auf ein mit Backpapier ausgelegtes Blech. Backen Sie den Teig 10–12 Min. lang, bis er hellgelb ist. Abkühlen lassen. Anschließend Herzen ausstechen oder ausschneiden. Schneiden Sie jedes Herz einmal durch, damit Sie es füllen können.

Schlagen Sie die Butter zusammen mit dem Puderzucker, dem Vanillezucker und dem Kakao mit dem Handrührgerät 4–6 Min. lang zu einer schaumigen Creme. Geben Sie den Frischkäse teelöffelweise hinzu und rühren Sie ihn ebenfalls unter. Bestreichen Sie jedes Herzunterteil mit der Schokocreme. Verwenden Sie dafür die eine Hälfte der Creme. Setzen Sie jeweils das Herzoberteil auf und bestreichen Sie die Ränder ringsum mit der Creme.

Füllen Sie die andere Hälfte der Creme in einen Spritzbeutel mit Sterntülle und spritzen Sie Rosetten ringsum an die Ränder der Biskuitherzen. Streuen Sie die weißen Schokoröllchen innerhalb des Rosettenrands auf die Herzen.

Die Herzen sind im Kühlschrank 2–3 Tage haltbar.

Die Verpackungsidee für die Schokocreme-Herzen finden Sie auf Seite 14/15.

Zutaten für 3–4 Herzen

Für den Biskuit
5 Eier
1 Prise Salz
150 g Zucker (Kristallzucker)
100 g Mehl

Für die Creme
250 g weiche Butter
100 g Puderzucker
150 g Frischkäse
40 g Kakao, ohne Zuckerzusatz, entölt
2 Pck. Vanillezucker

Für die Garnierung
60 g weiße Schokoröllchen

*WAS ICH
DIR SCHON
LANGE SAGEN
WILL...

*WAS ICH
DIR SCHON
LANGE SAGEN
WILL...

*WAS ICH
DIR SCHON
LANGE SAGEN
WILL...

Schachteln mit Botschaft für die Schoko-Herzen

Übertragen Sie die Schachtel mit Deckel von der Vorlage auf den natur-farbenen Fotokarton und schneiden Sie beides an den durchgezogenen Linien aus. Legen Sie ein Lineal an den gestrichelten Linien an und fahren Sie mit dem Falzbein und gleichmäßigem Druck zweimal daran entlang. An diesen Stellen lässt sich der Fotokarton nun leicht falten.

Bestempeln Sie wie abgebildet das Innere der Schachtel und den Schach-teldeckel und bringen Sie das doppelseitige Klebeband an den Laschen an. Montieren Sie die Schachtel und den Deckel.

Schneiden Sie für den herausnehmbaren Boden die Buchbinder-Graupappe auf 14,7 cm x 14,7 cm zu. Fassen Sie die Kanten des Quadrats mit dem rot-weißen Masking Tape ein und kaschieren Sie die Oberseite mit weißem Fotokarton. Die Lasche aus einem 30,5 cm x 3 cm großen Streifen anfertigen: Falten Sie den Streifen jeweils mit 7,9 cm Abstand zu den Enden und runden Sie die Enden des Streifens ab. Kleben Sie die Lasche mittig auf die Unterseite der Buch-binder-Graupappe.

Das Schokocreme-Herz in der Schachtel verpacken. Binden Sie zum Schluss noch eine rot-weiß gestreifte Kordel um die Schachtel.

Material

Fotokarton in Natur
Buchbinder-Graupappe, 2 mm stark
Fotokarton in Weiß
Masking Tape in Rot-Weiß gestreift
doppelseitiges Klebeband
Klebestift
Buchstabenstempel
Blümchen- oder Ornamentstempel
Stempelfarbe in Weiß, Ocker und Rot
Kordel in Rot-Weiß gestreift

Vorlage Seite 104

Biskuitrolle in Schwarz-Weiß

Den Backofen auf 180 °C vorheizen. (Keine Umluft verwenden! Das trocknet den Teig zu sehr aus.) Die Eier trennen. Schlagen Sie das Eiklar mit 1 Prise Salz auf. Geben Sie den Zucker nach und nach hinzu und schlagen Sie alles zu einer relativ steifen Masse. Nun die Eigelbe nacheinander unterheben. Anschließend das Mehl mit einem Teigschaber unterheben. Streichen Sie den Teig gleichmäßig auf ein mit Backpapier ausgelegtes Blech. Backen Sie den Biskuitteig 10–12 Min. lang, bis er hellgelb ist. Die Oberfläche darf nicht zu trocken bzw. fest werden, sonst bricht der Teig beim Aufrollen.

Bestreuen Sie ein Geschirrtuch mit einer dünnen Schicht Zucker. Stürzen Sie den gebackenen Biskuitteig auf das Geschirrtuch. Anschließend sofort das Backpapier befeuchten und abziehen. Rollen Sie nun den Biskuit zu einer Rolle auf und lassen Sie die Rolle gut auskühlen.

Schlagen Sie die Sahne zusammen mit dem Zucker, dem Kakao und dem Kaffeepulver zu einer steifen Creme. Die Mokkaschokolade im Wasserbad oder 1 Min. lang bei 600 Watt in der Mikrowelle schmelzen, umrühren und unter die Creme heben. Rollen Sie die Rolle auseinander. Stellen Sie 3 EL der Creme beiseite und bestreichen Sie den Biskuit gleichmäßig mit der restlichen Creme. Lassen Sie dabei rechts und links jeweils einen 1 cm breiten und am Ende einen 2 cm breiten Rand.

Rollen Sie den Biskuit auf und lassen Sie die Rolle mit der letzten Umdrehung auf die Tortenplatte rollen. Bestreuen Sie die Biskuitrolle mit Puderzucker. Bestreichen Sie die Schokoblättchen auf der Unterseite mit der beiseite gestellten Creme und verzieren Sie damit die Biskuitrolle. Die Biskuitrolle ist im Kühlschrank 2–3 Tage haltbar.

Die Verpackungsidee für die Biskuitrolle finden Sie auf Seite 18/19.

Zutaten

Für den Biskuit
5 Eier
1 Prise Salz
150 g Zucker (Kristallzucker)
100 g Mehl
Zucker für das Küchenhandtuch

Für die Füllung
500 ml Sahne
2 EL Zucker
2 EL Kakao, ohne Zuckerzusatz, entölt
3 Tassen-Portionen Instant-Kaffeepulver (à 10 g)
100 g Mokka-Schokolade, grob zerkleinert

Für die Dekoration
50 g Puderzucker
50 g Schokoblättchen

Hübsches Tablett
für die Biskuitrolle

Übertragen Sie die Vorlage des Tabletts auf den blaugrauen Fotokarton und schneiden Sie sie an den durchgezogenen Linien aus. Falzen Sie den Foto-karton mit Falzbein und Lineal an den gestrichelten Linien und lochen Sie ihn an den markierten Stellen mit dem Locheisen.

Verzieren Sie die langen Seiten des Fotokartons mit der Konturenschere und richten Sie den Schachtelrand auf. Fädeln Sie das Satinband durch die Löcher und binden Sie die Enden des Satinbands zu einer schönen Schleife. Schneiden Sie aus dem gemusterten Karton ein 15,5 cm x 30,5 cm großes Rechteck zu und legen Sie es in den Boden der Schachtel.

Stempeln Sie für das Schild „Herzlichen Glückwunsch" oder einen anderen lieben Gruß auf ein Stück cremeweißen Fotokarton und dekorieren Sie den oberen und unteren Rand des Schildes mit dem gemusterten Karton. Lochen Sie das Schild wie abgebildet und bringen Sie die Holzstäbchen mit den Spitzen nach unten an. Jetzt kann das Schild vorsichtig in die Biskuitrolle gesteckt werden.

Material

Fotokarton in Blaugrau
Fotokarton in Türkis
oder Blau gemustert
Fotokarton in Cremeweiß
Konturenschere
mit Wellenrand
Buchstabenstempel
Stempelfarbe in Blaugrün
Locheisen
Satinband in Creme,
3 mm breit
doppelseitige Klebefolie
2 Schaschlikstäbchen

Vorlage Seite 105

19

Schoko-Cupcakes mit Creme-Topping

Heizen Sie den Backofen auf 180 °C vor. Setzen Sie die Papierförmchen in das Muffinblech.

Vermischen Sie in einer Schüssel das Mehl mit dem Kakaopulver, dem Backpulver und dem Natron. Verquirlen Sie in einer weiteren Schüssel das Ei. Geben Sie den Zucker, den Vanillezucker, das Öl und den Joghurt hinzu und vermischen Sie alles. Heben Sie die trockene Mischung mit einem Teigschaber unter die cremige Mischung, bis die trockenen Zutaten feucht sind.

Verteilen Sie die eine Hälfte des Teiges auf die Papierförmchen. Verteilen Sie die Schokotropfen; diese jeweils mittig auf den Teig streuen. Geben Sie dann die andere Hälfte des Teigs in die Papierförmchen. Backen Sie die Cupcakes ca. 20 Min. lang auf der mittleren Schiene und lassen Sie sie anschließend gut auskühlen.

Rühren Sie in einer Schüssel den Mascarpone mit dem gesiebten Puderzucker und evtl. dem Amaretto zu einer glatten Masse.

Schlagen Sie die Butter mit dem Handrührgerät schaumig auf (4–5 Min.). Geben Sie die Mascarpone-Puderzucker-Masse esslöffelweise hinzu und schlagen Sie alles cremig auf. Füllen Sie die Creme in einen Spritzbeutel und garnieren Sie die Cupcakes. Die Cupcakes sind im Kühlschrank gelagert 2–3 Tage haltbar.

Die Verpackungsidee für die Schoko-Cupcakes finden Sie auf Seite 22/23.

Zutaten für 12 Stück

250 g Mehl
2 EL Kakaopulver,
ohne Zuckerzusatz, entölt
2 ½ TL Backpulver
½ TL Natron
1 Ei
125 g Zucker
1 Pck. Vanillezucker
80 ml Pflanzenöl
250 g Joghurt
100 g Schokotropfen

Für die Creme
200 g Mascarpone
100 g Puderzucker
200 g Butter
evtl. 2 EL Amaretto
(Likör oder Sirup)

SCHOKO-CUPCAKE

Aquarell-Blumen
für die Schoko-Cupcakes

Material

Muffinförmchen in Weiß,
ø Boden 4,5 cm
Aquarellfarben in Rosa
und Lila
Flachpinsel
Schaschlikstäbchen
Fotokarton in Weiß
Fineliner in Schwarz
Masking Tape

Legen Sie Zeitungspapier auf Ihrer Arbeitsfläche aus, um diese zu schützen. Stellen Sie einen Becher mit Wasser, die Aquarellfarben und einen Flachpinsel bereit. Stülpen Sie die weißen Muffinförmchen um, sodass der Boden nach oben zeigt, und färben Sie die Ränder der Förmchen vorsichtig in Rosa- und Lilatönen ein. Achten Sie dabei darauf, dass die Farbe nicht zu flüssig ist und nicht zu sehr nach innen läuft. Lassen Sie die Farbe trocknen.

Schneiden Sie aus dem weißen Fotokarton 11 cm x 1,5 cm große Fähnchen zu. Beschriften Sie die Fähnchen wie abgebildet und färben Sie die Enden mit Aquarellfarbe ein.

Stecken Sie für jede Blume ein paar Muffinförmchen ineinander und spießen Sie sie vorsichtig auf ein Holzstäbchen auf. Sie können dabei auch eingefärbte und weiße Förmchen abwechselnd aufspießen. Befestigen Sie zum Schluss das Fähnchen mit Masking Tape am Holzstäbchen.

Schoko-Blümchen

Himbeer-Schoko-Traum

Für die Creme die Himbeeren evtl. putzen, dann pürieren. Messen Sie 250 ml von dem Himbeerpüree ab (den Rest benötigen Sie nicht). Verrühren Sie 3–4 EL der 250 ml mit dem Zucker und der Stärke. Bringen Sie das restliche Himbeerpüree in einem Topf zum Kochen. Ziehen Sie den Topf vom Herd und rühren Sie die Himbeer-Stärke-Mischung ein. Kochen Sie die Himbeermasse unter ständigem Rühren nochmals 1 Min. lang auf. Auf Zimmertemperatur abkühlen lassen.

Rühren Sie die zimmerwarme Butter mit den Quirlen des Handrührgeräts 4–5 Min. lang schaumig. Die Butter weiterschlagen und die Himbeermasse esslöffelweise dazugeben. Die zugegebene Himbeermasse sollte jeweils gut verrührt sein, bevor Sie den nächsten Löffel hinzugeben.

Verrühren Sie für die Kekse die Butter und den Puderzucker mit den Schneebesen des Handrührgeräts zu einer cremigen Masse und rühren Sie anschließend das Ei unter. Das Mehl und den Kakao hinzugeben. Den Teig auf die Arbeitsfläche geben und mit den Händen gut durchkneten. Den Teig ca. 2 Std. lang im Kühlschrank ruhen lassen, dann zwischen zwei Lagen Frischhaltefolie ausrollen. Blümchen ausstechen und ca. 10 Min. lang bei 180 °C backen. Abkühlen lassen.

Aus dem Puderzucker und dem Zitronensaft eine cremige Zuckerglasur rühren. Dabei nicht den ganzen Zitronensaft auf einmal hinzugeben, da die Glasur sonst zu flüssig werden kann. Die Zuckerglasur einfärben und die eine Hälfte der Kekse damit verzieren. Die Buttercreme auf die andere Hälfte der Kekse auftragen und je einen der verzierten Kekse aufsetzen und leicht andrücken. Die Kekse sind kühl gelagert 3–4 Tage haltbar.

Die Verpackungsidee für die Schoko-Blümchen finden Sie auf Seite 28/29.

Zutaten für 35 Stück

Für die Himbeer-Buttercreme
300 g Himbeeren, frisch oder aufgetaut
20 g Stärke
75 g Zucker
150 g Butter

Für die Kekse
250 g weiche Butter
1 Ei
120 g Puderzucker
350 g Mehl
50 g Kakao, ohne Zuckerzusatz, entölt

Für die Glasur
250 g Puderzucker
Saft einer Zitrone
Lebensmittelfarbe in Rot

Tante-Emma-Tüten für die Schoko-Blümchen

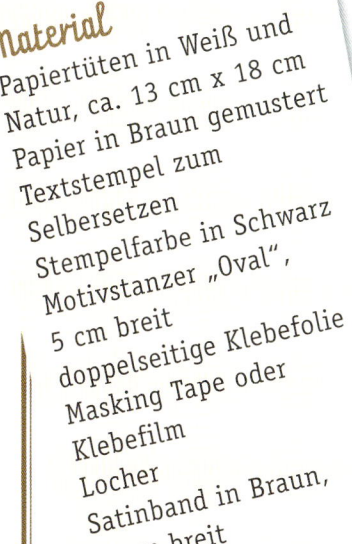

Material
Papiertüten in Weiß und Natur, ca. 13 cm x 18 cm
Papier in Braun gemustert
Textstempel zum Selbersetzen
Stempelfarbe in Schwarz
Motivstanzer „Oval", 5 cm breit
doppelseitige Klebefolie
Masking Tape oder Klebefilm
Locher
Satinband in Braun, 3 mm breit

Schneiden Sie für die Banderole aus dem gemusterten Papier einen 30 cm x 6,4 cm breiten Streifen zu und stanzen Sie in der Mitte ein Oval aus. Legen Sie die Banderole auf die Papiertüte und falten Sie sie um die seitlichen Ränder der Tüte, sodass das Oval mittig sitzt. Fixieren Sie die Banderole mit der doppelseitigen Klebefolie auf der Tüte. Kleben Sie die Enden der Banderole auf der Rückseite der Tüte mit Masking Tape oder Klebestreifen zusammen.

Setzen Sie den Text und stempeln Sie ihn wie abgebildet auf. Füllen Sie die Schokoblümchen in die Tüte. Falten Sie den oberen Rand der Tüte ca. 2 cm breit nach hinten. Lochen Sie die Tüte wie abgebildet, fädeln Sie das Satinband durch die Löcher und binden Sie es zur Schleife.

Tipp: Sollte die Tüte keinen Boden haben, können Sie diesen auch einfach selbst „nachrüsten": Dazu die Tüte unten aufschneiden und einmal parallel zur unteren Kante in der gewünschten Bodenbreite nach oben falten. Richten Sie die entstandene Lasche im rechten Winkel wieder auf und ziehen Sie die beiden Papierschichten auseinander. Drücken Sie nun an der linken Seite das Papier flach, sodass sich ein gleichschenkliges Dreieck bildet. Verfahren Sie genauso auf der anderen Seite. Falten Sie die zwei Papierkanten zur Mitte und verschließen Sie den Boden mit Masking Tape oder Klebefilm.

Saftiger Schokokuchen
im Einmachglas

Zutaten für 8–10 Sturzgläser mit Schraubverschluss à 230 ml

Verrühren Sie die Schokoladenchips, das Öl, die Milch, die Eier, die saure Sahne und den Zucker mit einem Schneebesen in einer Schüssel. Vermischen Sie in einer zweiten Schüssel das Mehl, die Stärke, das Backpulver, das Kakaopulver, das Salz und die Chiliringe. Geben Sie die cremige Mischung zu der trockenen Mischung und verrühren Sie alles mit einem Kochlöffel zu einem homogenen Teig.

Fetten Sie die Gläser mit Öl ein und bestreuen Sie sie mit Semmelbröseln. Füllen Sie jedes Glas zu zwei Dritteln mit dem Teig. Stellen Sie die Gläser auf ein Backblech und backen Sie die Kuchen 25–30 Min. lang bei 180 °C auf der mittleren Schiene.

Verschließen Sie die Gläser nach dem Backen sofort mit den Schraubdeckeln. Die Schokokuchen sind 4–6 Wo. lang haltbar.

Die Verpackungsidee für die Schokokuchen finden Sie auf Seite 32/33.

200 g dunkle Schokoladenchips, ersatzweise Zartbitterschokolade
80 g Sonnenblumenöl
200 ml Milch
2 Eier
100 ml saure Sahne
2 EL Zucker
250 g Mehl
2 TL Speisestärke
1 gestrichener EL Backpulver
3 EL Kakaopulver, ohne Zuckerzusatz, entölt
1 Prise Salz
1–2 EL getrocknete Chiliringe oder ¼ TL Chilipulver
Öl und Semmelbrösel (zum Bestreichen und Bestreuen der Gläser)

Runde Etiketten
für den Kuchen im Glas

Material

Fotokarton in Cremeweiß
Fotokarton in Blau
gemustert
Buchstabenstempel
Stempelfarbe in Blautönen
doppelseitige Klebefolie
Satinband in Blau,
1 cm breit
Zirkel

Zeichnen Sie mit einem Zirkel einen 7,8 cm großen Kreis auf den cremeweißen Fotokarton auf und schneiden Sie ihn aus. Bestempeln Sie den Kreis wie abgebildet und zeichnen Sie mit einem Bleistift ca. 2 mm ober- und unterhalb der Schrift feine Hilfslinien auf.

Schneiden Sie aus dem gemusterten Fotokarton zwei 8 cm x 2,5 cm große Rechtecke aus und bekleben Sie sie rückseitig mit doppelseitiger Klebefolie. Legen Sie den gemusterten Karton an den Hilflinien auf dem Kreis an und drücken Sie ihn fest. Schneiden Sie den überstehenden Rand ab.

Fixieren Sie das Etikett mit der doppelseitigen Klebefolie auf dem Deckel des Glases und binden Sie zum Schluss noch eine Schleife aus blauem Satinband um das Glas.

Schokolade für besondere Gelegenheiten

Schokolade ist das pure Glück. Nicht nur im Alltag, sondern auch – und vor allem – zu besonderen Gelegenheiten. Denn was wären die schönen Momente im Leben ohne ein kulinarisches Highlight – am besten mit Schokolade.

Schokolade ist ein absoluter Tausendsassa, ein Multitalent, das in jeder Lebenslage ein Genuss ist. Egal ob festlich und edel, fruchtig und verspielt oder einfach und unkompliziert – eines ist Schokolade auf jeden Fall immer: ein absoluter Hochgenuss. Lassen Sie sich inspirieren!

Nougat-Krokant-Konfekt

Schokotafeltürmchen
mit Nougatfüllung

Schmelzen Sie die Vollmilchkuvertüre zusammen mit dem Kokosfett langsam in einer Schüssel im Wasserbad oder 1 Min. lang bei 600 Watt in der Mikrowelle. Die Schüssel herausnehmen und die Masse gut umrühren. Beim Schmelzen in der Mikrowelle sollten Sie die angegebene Zeit nicht überschreiten, da die Masse schnell anbrennt.

Legen Sie die Transferfolie mit der rauen Seite nach oben auf ein Backpapier. Verteilen Sie die Masse gleichmäßig mit einer Winkelpalette auf der Transferfolie und lassen Sie sie etwas abkühlen. Dann weitere 2 Std. lang im Kühlschrank abkühlen lassen.

Sobald die Schokolade fest ist, schneiden Sie mit einem Messer 5 cm x 5 cm große Quadrate aus. Die Transferfolie entfernen. Dabei am besten mit einer Pinzette oder Handschuhen arbeiten; ansonsten kann es unschöne Abdrücke geben.

Stapeln Sie pro Türmchen drei oder vier Quadrate übereinander und geben Sie zwischen die Quadrate jeweils einen kleinen Klecks Nuss-Nougat-Creme. Die Schokotafeltürmchen sind im Kühlschrank aufbewahrt ca. 3–4 Wochen haltbar.

Tipp: Die Transferfolie ist im Internet erhältlich. Die Nuss-Nougat-Creme können Sie selbst nach dem Rezept von Seite 48/49 herstellen.

Die Verpackungsidee für die Schokotafeltürmchen finden Sie auf Seite 40/41.

Zutaten
für 6 – 8 Türmchen

200 g Vollmilchkuvertüre
oder -schokolade,
grob gewürfelt
15 g Kokosfett
1 Transferfolie mit
Rankenmuster
Nuss-Nougat-Creme

Grafische Etiketten
für die Schokotürmchen

Schneiden Sie für das Etikett ein 3,6 cm x 6,2 cm großes Rechteck aus dem weißen Fotokarton aus. Lochen Sie das Rechteck an einem Ende und schneiden Sie die zwei Ecken an dieser Seite schräg mit der Schere ab.

Beschriften Sie das Rechteck mit den Buchstaben- und Zahlenstempeln. Dekorieren Sie die untere Hälfte des Rechtecks, indem Sie den beerenroten und den rosa-weiß gestreiften Fotokarton wie abgebildet oder nach Belieben mit der doppelseitigen Klebefolie aufkleben.

Füllen Sie zum Schluss die Schokotafeltürmchen in die Zellophantüte und binden Sie das Etikett mit dem grau-weiß karierten Schleifenband an der Tüte fest.

Material
Zellophantüten,
11,5 cm x 19 cm x 4,5 cm
Fotokarton in Weiß
Fotokarton in Beerenrot
und Rosa-Weiß gestreift
Locher
Buchstaben- und
Zahlenstempel
Stempelfarbe in Purpur
doppelseitige Klebefolie
Schleifenband in Grau-
Weiß kariert, 8 mm breit

Toffee-Shortbread
Keks trifft Karamell

Verkneten Sie für das Shortbread die Butter, das Mehl und den Zucker rasch mit den Knethaken des Handrührgeräts, bis sich alles gerade zu einem Teig verbindet. Rollen Sie den Teig auf der leicht bemehlten Arbeitsfläche etwa 12 mm stark aus. Geben Sie den Teig in eine 25 cm x 30 cm große, mit Backpapier ausgelegte Form und lassen Sie ihn mind. 1 Std. lang im Kühlschrank ruhen. Den Backofen auf 160 °C vorheizen und den Teig 20–25 Min. lang backen, bis er zartgelb ist. Abkühlen lassen.

Die Sahne in einem kleinen Topf aufkochen. In einem zweiten, hohen Topf die Hälfte des Zuckers schmelzen. Dabei leicht rühren, damit sich der Zucker verteilt, bis der Karamell entsteht. Gießen Sie die heiße Sahne hinzu und rühren Sie die Mischung vorsichtig mit einem Holzkochlöffel. (Sie kocht unter starkem Blubbern!) Geben Sie den restlichen Zucker hinzu und kochen Sie unter Rühren so lange weiter, bis ein cremiger Karamell entsteht, der dicke Blasen wirft. Geben Sie die Schokolade in eine Schüssel. Gießen Sie den Karamell über die Schokolade und rühren Sie so lange, bis die Schokolade geschmolzen ist. Die Butter hinzugeben und alles mit Salz abschmecken. Geben Sie nun die Masse über das Shortbread und streichen Sie sie glatt. Stellen Sie das Shortbread mind. 4 Std. lang in den Kühlschrank.

Wenn Sie das Shortbread mit einer Schokoglasur überziehen wollen, schmelzen Sie die Kuvertüre und das Kokosfett langsam in einer Schüssel im Wasserbad oder 1 Min. lang bei 600 Watt in der Mikrowelle. Herausnehmen und gut umrühren. Das Shortbread mit der Glasur bestreichen und die Glasur erstarren lassen. Zum Schluss das Shortbread mit einem scharfen Messer in 7,5 cm x 2,5 cm große Rechtecke schneiden. Das Shortbread ist kühl gelagert 2–3 Tage haltbar.

Die Verpackungsidee für das Shortbread finden Sie auf Seite 44/45.

Zutaten

Für das Shortbread
125 g weiche Butter
185 g Mehl
60 g Zucker
Mehl zum Arbeiten

Für die Toffeeschicht
80 g Zartbitterschokolade, grob gehackt
250 ml Sahne
250 g Zucker
25 g Butter
½ TL Meersalz

Für die Glasur (optional)
200 g Zartbitterkuvertüre
10 g Kokosfett

Pünktchenschalen
für das Toffee-Shortbread

Material
Fotokarton in Grün
mit weißen Punkten
doppelseitige Klebefolie
Butterbrotpapier
Tassenspitzendeckchen
Textstempel zum
Selbersetzen
Stempelfarbe in Schwarz
Zahnstocher
Konturenscheren mit
Zacken- und Wellenrand
Zirkel

Schneiden Sie aus dem grünen Fotokarton mit weißen Punkten zwei Kreise im gewünschten Durchmesser (9,5 cm, 10,5 cm oder 12 cm) sowie einen 50 cm x 3 cm langen Streifen aus.

Falzen Sie den Kartonstreifen mit Lineal und Falzbein 5 mm parallel zum Rand der langen Seite. Schneiden Sie entlang dieser Linie mit der Konturenschere einen Zackenrand in den Karton. Die Zacken im 90°-Winkel nach innen falten.

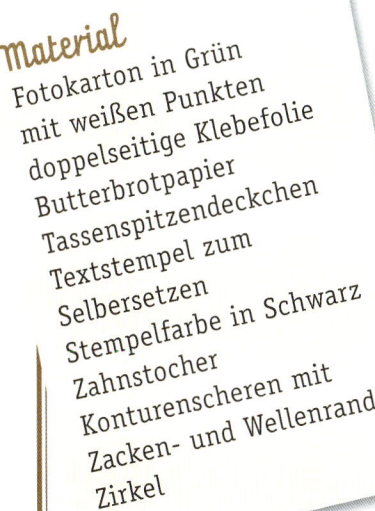

Fügen Sie den Kartonstreifen wie abgebildet zum Rand einer Schachtel zusammen. Drücken Sie einen der beiden Kreise von oben in den Schachtelrand, sodass er gut sitzt. Markieren Sie, wie lang der Kartonstreifen sein muss, und geben Sie 1 cm für die Klebelasche dazu.

Kleben Sie doppelseitige Klebefolie auf eines der Streifenenden und auf die Rückseiten der beiden Kreise. Montieren Sie die Schachtel, indem Sie zunächst den Schachtelrand zusammenkleben. Lösen Sie dann den Schutzfilm der doppelseitigen Klebefolie auf den Kreisen. Drücken Sie einen der Kreise von oben in den Schachtelrand. Kleben Sie den anderen Kreis von unten dagegen. Drücken Sie alles gut fest.

Bestempeln Sie für das Fähnchen ein Tassenspitzendeckchen mit dem Textstempel zum Selbersetzen und schneiden Sie das Fähnchen aus. Verzieren Sie das gerade Ende des Fähnchens mit der Konturenschere. Stecken Sie einen Zahnstocher durch die Löcher des Deckchens in das Fähnchen. Schneiden Sie ein passendes Stück Butterbrotpapier zu, verzieren Sie den Rand mit der Konturenschere und legen Sie das Papier zum Schutz vor Fettflecken in die Schachtel.

Kleine Warenkunde
Schokoladen-ABC

Weiße Schokolade

Bitterschokolade

In der weißen Schokolade sind nur Kakaobutter und Milchfett enthalten. Daher fehlt ihr auch die typisch braune Farbe.

Kakaopulver

Bitterschokolade enthält mindestens 35 % Kakao, halbbittere oder zartbittere Varianten mehr als 50 %, bittere und edelbittere mindestens 60 %.

Milchschokolade

Der Kakaogehalt von Milchschokolade liegt bei mindestens 25 %, die Schokolade enthält zudem noch Milchpulver.

Kakaopulver wird durch ein spezielles Pressverfahren aus der Kakaobohne gewonnen, im Zuge dessen dem Kakao ein großer Teil des Fettes entzogen wird. Kakaopulver hat daher meist zwischen 10 % und 25 % Fettanteil.

Schokoladenchips bestehen aus Kuvertüre und lassen sich leichter und schneller verarbeiten als normale Kuvertüre.

Schokolade ist nicht gleich Schokolade. Sie ist in vielen unterschiedlichen Formen und Ausführungen erhältlich. Dieses kleine Schoko-laden-ABC gibt einen knappen Überblick über die Vielfalt der Schokolade.

Kuvertüre enthält weniger Zucker und mehr Kakaobutter als normale Schokolade und wird als Basis bei der Schokoladenherstellung verwendet. Hier muss jedoch sehr genau temperiert werden, damit die Schokolade nach dem Abkühlen einen schönen Glanz erhält.

Kuvertüre

Schokoladenchips

Fettglasur oder Kuchenglasur aus Schokolade enthält neben den normalen Bestandteilen der Schokolade noch etwas gehärtetes Pflanzenfett. Dadurch wird sie relativ schnell bei Zimmertemperatur fest.

Kuchenglasur

Nuss-Nougat-Creme
Süßes zum Frühstück

Verrühren Sie in einem beschichteten Topf die Butter, den Honig, das Öl, den Puderzucker und den Vanillezucker zu einer glatten Masse. Geben Sie die restlichen Zutaten hinzu und vermischen Sie alles.

Erwärmen Sie die Creme vorsichtig und unter ständigem Rühren bei niedriger Temperatur; sie brennt leicht an. Sobald die Creme zähflüssig ist, füllen Sie sie in die Gläser. Die Creme ist im Kühlschrank ca. 4 Wo. lang haltbar.

Tipp: Wer einen herberen Geschmack bevorzugt, kann die Hälfte der gemahlenen Haselnüsse auch mit gemahlenen Walnüssen ersetzen oder anstelle des Haselnussöls Walnussöl verwenden.

Die Verpackungsidee für die Nuss-Nougat-Creme finden Sie auf Seite 50/51.

Zutaten
für 2 Gläser à 200 g

120 g Butter
45 g Honig
35 ml Haselnussöl, ersatzweise Sonnenblumenöl
45 g Puderzucker
1 Pck. Vanillezucker
90 g gemahlene Haselnüsse
40 g Kakaopulver, ohne Zuckerzusatz, entölt
10 g Speisestärke

Papiermanschetten
für die Nougat-Creme

Legen Sie Zeitungspapier auf Ihre Arbeitsfläche, um diese zu schützen. Legen Sie die Aquarellfarben, einen Becher mit Wasser, das weiße Tonpapier, das Küchenpapier und die Zahnbürste bereit. Benetzen Sie die Zahnbürste mit wenig Wasser und rühren Sie die Farbe für das Spritzmuster an. Ist die Farbe zu flüssig, wischen Sie überschüssiges Wasser am Küchenpapier ab. Besprenkeln Sie das Tonpapier nach Belieben. Lassen Sie die Farbe trocknen.

Schneiden Sie aus dem selbstgestalteten Papier einen 22,5 cm x 6,5 cm großen Streifen und aus dem Masking Film ein 4,5 cm x 7 cm großes Rechteck aus. Schreiben Sie „Nuss-Nougat-Creme" auf den Masking Film und schneiden Sie die Buchstaben vorsichtig mit dem Cutter aus, sodass Sie eine Schablone erhalten. Kleben Sie die Schablone auf den Papierstreifen.

Tupfen Sie die Farbe vorsichtig und möglichst trocken mit dem Pinsel auf. Ziehen Sie anschließend mit einem Buntstift und einem Lineal einen Rahmen um die Schrift. Kleben Sie zum Schluss die Banderole mit doppelseitiger Klebefolie um das Glas.

Schokolierte Früchte
Schoko-Sommertraum

Bedecken Sie ein Brett mit Backpapier. Die Früchte nicht waschen, sondern nur mit einem Backpinsel säubern: Sobald nur wenig Wasser in die geschmolzene Schokolade gelangt, klumpt diese und kann nicht mehr verwendet werden.

Schmelzen Sie die weißen Schokoladenchips und 15 g Kokosfett langsam in einer Schüssel im Wasserbad oder 1 Min. lang bei 600 Watt in der Mikrowelle. Die Schüssel herausnehmen und die Masse gut umrühren. Beim Schmelzen in der Mikrowelle sollten Sie die angegebene Zeit nicht überschreiten, da die Schokolade schnell anbrennt. Tauchen Sie die Erdbeeren und Kapstachelbeeren in die weiße Kuvertüre. Die Kuvertüre leicht abtropfen lassen. Die Früchte auf das Backpapier setzen und die Kuvertüre erstarren lassen.

Schmelzen Sie nun die dunklen Schokoladenchips und 10 g Kokosfett. Tauchen Sie nur die Spitzen der Früchte in die dunkle Masse. Die Kuvertüre erstarren lassen.

Die schokolierten Früchte bis zum Verbrauch im Kühlschrank aufbewahren. Sie sind im Kühlschrank 1 Tag lang haltbar.

Die Verpackungsidee für die schokolierten Früchte finden Sie auf Seite 54/55.

Zutaten

12 große, reife Erdbeeren
12 Kapstachelbeeren
150 g weiße Schokoladenchips, ersatzweise weiße Kuvertüre, zerkleinert
80 g dunkle Schokoladenchips, ersatzweise dunkle Kuvertüre, zerkleinert
25 g Kokosfett

Porzellanschalen für die schokolierten Früchte

Material

Zellophantüte,
14 cm x 20,5 cm x 5,5 cm
passende Porzellanschale
Fotokarton in Rot
mit weißen Punkten
Fotokarton in Weiß
Stempel „Dankeschön"
Stempelfarbe in Rot
Öse in Silber
Loch- und Ösenzange
Konturenschere
mit Wellenrand
Satinband in Weiß,
1 cm breit
Masking Tape in Rot
mit weißen Punkten
Zirkel

Schneiden Sie aus dem rot-weißen Fotokarton einen 5 cm großen Kreis und aus dem weißen Fotokarton einen 8 cm x 1,7 cm großen Streifen aus. Bestempeln Sie den Streifen mit dem „Dankeschön"-Stempel und roter Stempelfarbe und verzieren Sie das rechte Ende des Streifens mit der Konturenschere.

Legen Sie den Kartonstreifen auf den Kreis, sodass ober- und unterhalb der Schrift gleich viel vom rot-weißen Karton zu sehen ist und der Streifen links und rechts über den Rand des Kreises hinausragt. Halten Sie die Papiere gut fest und lochen Sie sie gleichzeitig links vom Schriftzug. Bringen Sie die Öse an und schneiden Sie den links überstehenden Fotokarton entlang dem Kreisrand weg.

Schneiden Sie das Satinband auf 57 cm zu und fassen Sie die Enden mit Masking Tape ein. Füllen Sie zum Schluss die Erdbeeren in die Zellophantüte, stellen Sie die Tüte vorsichtig in die Porzellanschale und verschließen Sie die Tüte mit Etikett und Schleife.

Nougatpralinen

edles Konfekt

Erwärmen Sie die Sahne und den Kaffee in einem Topf. Nehmen Sie den Topf vom Herd und lösen Sie unter Rühren die Zartbitterschokolade und das Nougat auf. Zum Schluss den Amaretto hinzugeben. Stellen Sie die Masse ca. 2 Std. lang in den Kühlschrank.

Schlagen Sie die Masse auf und füllen Sie sie in einen Spritzbeutel. Spritzen Sie Rosetten in die Pralinen-Spitztüten. Arbeiten Sie schnell: Die Masse wird durch die Wärme Ihrer Hände sehr schnell weich und lässt sich dann nicht mehr gut verarbeiten. Gegebenenfalls den Spritzbeutel kurz in die Tiefkühltruhe legen. Garnieren Sie das Nougatkonfekt mit Krokant oder Goldsplittern. Im Kühlschrank aufbewahrt ist das Konfekt 3–4 Wochen haltbar.

Tipp: Vor dem Füllen die Spitztüten leicht flach drücken, sodass eine kleine Auflagefläche entsteht. Sonst rollen die gefüllten Tüten leicht weg.

Die Verpackungsidee für das Nougatkonfekt finden Sie auf Seite 58/59.

Zutaten für 50 Stück

150 ml Sahne
60 ml Kaffee, frisch aufgebrüht
100 g Zartbitterschokolade, grob gehackt
100 g Nougat, in Stücke geschnitten
4 EL Amaretto (Likör oder Sirup)
50 Pralinen-Spitztüten aus Aluminium
Krokant oder Goldsplitter zum Bestreuen

Spitztüten
für die Nougatpralinen

Schneiden Sie ein 30 cm x 30 cm großes Quadrat aus der Geschenkfolie aus. Falten Sie zwei rechtwinklig zueinanderliegende Ränder des Quadrats zusammen, sodass eine Diagonale entsteht. Verschließen Sie die entstandene Tüte mit dem Masking Tape. Schneiden Sie das oben überstehende Dreieck ab.

Übertragen Sie für das Etikett das Motiv von der Vorlage auf den weißen Fotokarton und schneiden Sie es aus. Fassen Sie die Ränder des Etiketts mit dem Masking Tape ein, lochen und beschriften Sie es. Füllen Sie das Nougatkonfekt in die Tüte. Fädeln Sie das Etikett auf das Geschenkband auf und binden Sie die Tüte damit zusammen.

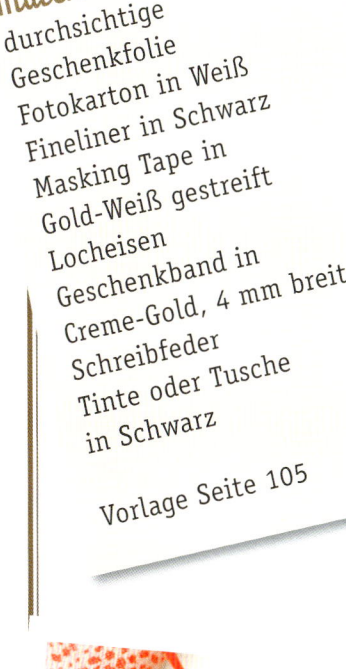

Material

durchsichtige Geschenkfolie
Fotokarton in Weiß
Fineliner in Schwarz
Masking Tape in Gold-Weiß gestreift
Locheisen
Geschenkband in Creme-Gold, 4 mm breit
Schreibfeder
Tinte oder Tusche in Schwarz

Vorlage Seite 105

Gut gewürzt

Schokolade und Chili – mit dieser klassischen Kombination entdeckte man die Vielseitigkeit der Schokolade, die kaum Grenzen kennt. Nicht nur die Klassiker wie Zimt und Vanille, sondern auch exotischere Gewürze wie Kardamom passen gut zu Schokolade.

Schokolade
ist absolut wandelbar:
Sie ist nicht nur als Süßigkeit
ein Hit, sondern verfeinert auch
pikante Gerichte. Sie kann nicht
nur mit Haselnüssen und Rumrosinen
kombiniert werden, sondern passt
auch hervorragend zu Pfeffer,
Chili, Zimt, Kardamom
und vielen anderen
Gewürzen.

Heiße Schokolade
mit arabischen Gewürzen

Mischen Sie die Schokoladenchips, die Kardamomkapseln, die Chilischoten und den braunen Zucker in einer Schüssel. Verpacken Sie die Schokoladenmischung in Zellophantüten.

Um eine heiße Schokolade zuzubereiten, lösen Sie die Schokoladenmischung in 400 ml heißer Milch auf. Lassen Sie die heiße Schokolade 10 Min. lang ziehen. Durch ein Sieb gießen, kurz aufkochen lassen und heiß servieren. Die trockene Mischung ist ca. 3 Monate haltbar.

Die Verpackungsidee für die heiße Schokolade finden Sie auf Seite 66/67.

Zutaten
für 2 große Tassen

100 g weiße Schoko-
ladenchips, ersatzweise
weiße Schokolade,
grob gehackt
2–3 Kardamomkapseln
oder 2 Prisen gemahlener
Kardamom
1–2 getrocknete
Chilischoten oder einige
getrocknete Chiliringe
2–3 EL brauner Zucker

Tüten mit Manschette für die heiße Schokolade

Material

Fotokarton in Weiß oder Schwarz mit goldfarbenen Sternen

Zellophantüte, 11 cm x 19 cm

ovales, selbstklebendes Etikett aus Kraftpapier, 4,5 cm x 4,5 cm x 3 cm

Buchstabenstempel

Stempelfarbe in Weiß

doppelseitige Klebefolie

Schneiden Sie aus dem Fotokarton mit Sternen einen 32 cm x 6 cm großen Streifen zu. Falzen Sie den Fotokarton mit Falzbein und Lineal jeweils 13,5 cm parallel zur kurzen Seite, sodass ein 5 cm breiter Boden entsteht. Runden Sie die Streifenenden ab und kleben Sie auf die Rückseite von einer der kurzen Seiten des Streifens doppelseitige Klebefolie auf.

Bestempeln Sie das Etikett und kleben Sie es ca. 5 cm vom kurzen Rand entfernt auf. Füllen Sie die Schokoladenmischung in die Zellophantüte. Verschließen Sie die Tüte und stellen Sie sie in den Kartonstreifen, den sie anschließend mit der doppelseitigen Klebefolie verschließen.

Tipp: Wenn Ihnen die Verpackung zu schlicht ist, können Sie zwei Löcher am oberen Rand stanzen, ein farblich passendes Band hindurchführen und zu einer Schleife binden.

Feine Rumkugeln mit Kardamom

Verkneten Sie die Butter gut mit den Haferflocken, dem Zucker, dem Kakao, dem Ei, dem Rumaroma oder Rum und dem Kardamom. Formen Sie aus der Masse kirschgroße Kugeln. Wenden Sie die Kugeln in den Schokoblättchen und stellen Sie sie anschließend kalt.

Nehmen Sie die Rum-Kardamom-Kugeln immer erst kurz vor dem Verzehr aus dem Kühlschrank. Die Rumkugeln sind etwa 1 Woche haltbar.

Tipp: Wer die Rumkugeln zu Rumtrüffeln umwandeln möchte, taucht die Kugeln nach dem Formen in geschmolzene Zartbitter- oder Vollmich-kuvertüre. Auf einem Gitter abtropfen und trocknen lassen.

Die Verpackungsidee für die Rumkugeln finden Sie auf Seite 70/71.

Zutaten für ca. 50 Stück

175 g zimmerwarme Butter
200 g feine Haferflocken
200 g Zucker
4 EL echter Kakao
1 Ei
1 Rumaroma oder
2 EL Rum
2 Msp. gemahlener Kardamom
150 g kleine Schoko-blättchen

Zart bedruckte Schachteln für die Rumkugeln

Material
Fotokarton in Natur
Bordürenstempel
Stempelfarbe in Weiß
doppelseitige Klebefolie
Tonpapier in Weiß
Zellophantüte, 9,5 cm x
16 cm x 3,5 cm
Fineliner in Schwarz
Etikettenstanzer,
3 cm x 4,5 cm
Locheisen
Satinband in Pink,
3 mm breit

Vorlage Seite 106

Übertragen Sie die Vorlage der Schachtel auf den naturfarbenen Fotokarton und schneiden Sie sie an den durchgezogenen Linien aus. Falzen Sie den Fotokarton mit Falzbein und Lineal an den gestrichelten Linien.

Bestempeln Sie den Rand der Schachtel mit dem Bordürenstempel und weißer Stempelfarbe und lassen Sie die Farbe gut trocknen. Kleben Sie doppelseitige Klebefolie auf die Laschen und montieren Sie die Schachtel.

Stanzen Sie ein Etikett aus dem weißen Tonpapier aus und lochen Sie es am oberen Ende. Beschriften Sie das Etikett wie abgebildet. Füllen Sie die Rumkugeln in die Zellophantüte. Binden Sie das Etikett mit einer Schleife aus pinkfarbenem Satinband an der Tüte fest. Stellen Sie die Tüte in die Schachtel.

Gewürz-Bruchschokolade
gegossener Genuss

Schmelzen Sie die Vollmilchkuvertüre und das Kokosfett langsam in einer Schüssel im Wasserbad oder 1 Min. lang bei 600 Watt in der Mikrowelle. Die Schüssel herausnehmen und die Masse gut umrühren. Beim Schmelzen in der Mikrowelle sollten Sie die angegebene Zeit nicht überschreiten, da die Schokolade schnell anbrennt.

Verteilen Sie die Masse mit einer Winkelpalette dünn und gleichmäßig auf einem mit Backpapier ausgelegten Backblech. Streuen Sie die Pistazien und den Rosa Pfeffer gleichmäßig auf die Schokolade. Lassen Sie die Schokolade leicht abkühlen. Dann im Kühlschrank weitere 2 Std. lang gut kühlen.

Die Schokolade in Stücke brechen und zur Aufbewahrung in Frischhalte-folie oder Alufolie wickeln. Die Schokolade ist kühl aufbewahrt ca. 3 Monate haltbar.

Variante: 50 g Sesam in einer Pfanne anrösten und in die geschmolzene Schokolade mischen.

Die Verpackungsidee für den Schoko-bruch mit Gewürzen finden Sie auf Seite 74/75.

Zutaten für 200 g

200 g Vollmilchkuvertüre
oder -schokolade,
grob gewürfelt
20 g Kokosfett
20 g geschälte Pistazien,
grob gehackt
2 TL Rosa Pfeffer

Schachteln mit Fenster für die Bruchschokolade

Übertragen Sie die Schachtel von der Vorlage auf den gemusterten Foto-karton und schneiden Sie sie an den durchgezogenen Linien aus. Schnei-den Sie mit dem Skalpell kleine Schlitze an den markierten Stellen in den Fotokarton. Falzen Sie den Karton von der Rückseite aus an den gestrichelten Linien und von der Vorderseite aus an den gepunkteten Linien. Doppelseitiges Klebeband auf die Laschen kleben und die Schachtel montieren.

Stanzen Sie aus dem cremeweißen Fotokarton einen Kreis mit Wellenrand aus und beschriften Sie ihn mit der Buchstabenschablone. Schneiden Sie wie abgebildet den Kreis zurecht. Dekorieren Sie die entstandene Ecke mit einem anders gemusterten Karton und kleben Sie das Etikett auf die Schachtel.

Füllen Sie den Schokobruch in die Zellophantüte. Stellen Sie die Tüte in die Schachtel und verschließen Sie sie mit den Musterbeutelklammern.

Material

Fotokarton in Orange gemustert
Fotokarton in Cremeweiß
Skalpell
Zellophantüte, 9,5 cm x 14,5 cm x 3,5 cm
Musterbeutelklammern
Motivstanzer „Kreis" mit Wellenrand, ø 5 cm
Buchstabenschablone
Fineliner in Braun
doppelseitiges Klebeband

Vorlage Seite 107

Feiner Likör
à la Mousse au Chocolat

Kochen Sie die Sahne in einem Topf auf und ziehen Sie den Topf vom Herd. Lösen Sie die Schokoladenchips unter Rühren auf. Geben Sie den Kardamom hinzu und lassen Sie alles leicht abkühlen. Rühren Sie die Eier und den Wodka mit dem Handrührgerät unter.

Füllen Sie den Likör mit einem Trichter in die Flaschen und verschließen Sie sie. Der Likör ist im Kühlschrank ca. 1–2 Wo. lang haltbar.

Tipp: Der Likör eignet sich auch ausgezeichnet als i-Tüpfelchen für Desserts. Egal ob Vanillepuddding oder Schokoladeneis: Mit etwas Likör verfeinert schmeckt der Nachtisch gleich noch mal besser.

Die Verpackungsidee für den Mousse-au-Chocolat-Likör finden Sie auf Seite 78/79.

Zutaten für 3 Flaschen à 250 ml

200 ml Sahne
200 g dunkle Schokoladenchips, ersatzweise Zartbitterschokolade, grob gehackt
2 Msp. gemahlener Kardamom
3 Eier
250 ml Wodka

Deckelhäubchen
für den Schoko-Likör

Schreiben Sie mit der Schreibfeder mehrmals locker und schwungvoll „Mousse-au-Chocolat-Likör" auf das weiße Tonpapier. Wählen Sie die schönste Variante aus. Stanzen Sie den Schriftzug mit dem kreisförmigen Motivstanzer aus. Halten Sie dabei den Motivstanzer ohne Schutzkappe mit der Unterseite nach oben, damit Sie sehen, ob die Schrift in der Mitte des Kreises sitzt.

Kleben Sie den weißen Kreis auf einen etwas größeren bronzefarbenen Kreis (ca. ø 5,8 cm) auf. Kleben Sie das Etikett mit der doppelseitigen Klebefolie auf die Flasche.

Für das Häubchen einen ca. 16 cm großen Kreis aus dem beigefarbenen Baumwollstoff zuschneiden. Den Stoff über den Deckel legen und mit der Kordel am Flaschenhals festbinden.

Material
Baumwollstoff in Beige mit bunten Punkten
Kordel in Natur
Tonpapier in Weiß und Bronze
Motivstanzer „Kreis", ø 5 cm
Schreibfeder
Tinte oder Tusche in Braun
doppelseitige Klebefolie

79

Dominosteine
Minze und Schokolade

Mischen Sie den Puderzucker mit dem Pfefferminzöl und der Sahne in einer Schüssel und kneten Sie alles zu einer glatten Masse. Rollen Sie die Masse zwischen zwei Lagen Frischhaltefolie etwa 3 mm stark zu einem Rechteck aus. Schneiden Sie mit einem Messer 60 ca. 2 cm x 4 cm große Rechtecke. Lassen Sie die Rechtecke mind. 24 Std. lang trocknen, bis sie sehr fest sind.

Schmelzen Sie die Kuvertüre und das Kokosfett langsam in einer Schüssel im Wasserbad oder 1 Min. bei 600 Watt in der Mikrowelle. Die Schüssel herausnehmen und die Masse gut umrühren. Beim Schmelzen in der Mikrowelle sollten Sie die angegebene Zeit nicht überschreiten, da die Schokolade sonst anbrennt.

Bestreichen Sie die Rechtecke zur Hälfte mit der Kuvertüre. Mit einem Pinsel einen bis sechs Würfelpunkte auf die unbestrichene Seite der Rechtecke aufmalen. Die Schokolade fest werden lassen. Die Dominosteine sind ca. 2 Monate haltbar.

Tipp: Eventuell entstehen beim Auswellen der Zucker-Sahne-Masse durch die Frischhaltefolie Wellen in der Oberfläche der Masse. Entfernen Sie in diesem Fall die obere Frischhaltefolie und bepudern Sie die Oberfläche der Masse hauchdünn mit Puderzucker. Pressen Sie dann ein Küchenbrett sanft auf die Masse.

Die Verpackungsidee für die Dominosteine finden Sie auf Seite 82/83.

Zutaten für 60 Stück

400 g Puderzucker
12 Tropfen Pfefferminzöl
(z.B. aus der Apotheke)
4 EL Sahne
100 g dunkle Kuvertüre
5 g Kokosfett

Raffinierte Schachteln
für die Dominosteine

Übertragen Sie die Schachtel von der Vorlage auf den dunkelbraunen Foto-karton und schneiden Sie sie an den durchgezogenen Linien aus. Legen Sie an den gestrichelten Linien ein Lineal an und falzen Sie den Karton, indem Sie zweimal mit dem Falzbein daran entlangfahren. Lochen Sie den Foto-karton an den markierten Stellen und bringen Sie doppelseitige Klebefolie an den Laschen an.

Schneiden Sie aus dem weißen Stickkarton ein 9,3 cm x 5 cm großes Rechteck aus und kleben Sie es wie abgebildet auf den Fotokarton. Beschrif-ten Sie die Schachtel mit der Buchstabenschablone und dem Silber- oder Bronzestift. Achten Sie darauf, dass das Gummiband die Schrift später nicht verdeckt. Montieren Sie die Schachtel.

Schneiden Sie ein ca. 25 cm langes Stück Mappengummi zu und binden Sie an einem Ende des Gummis einen dicken Knoten. Fädeln Sie das Gummi von innen an der Seite der Schachtel ein, an der nur ein Loch ist. Führen Sie das Gummi auf der anderen Seite der Schachtel von außen in das obere Loch ein und durch das untere Loch wieder hin-aus. Ziehen Sie es straff. Binden Sie einen Knoten, sodass das Gummi nicht wieder rausrutschen kann. Schneiden Sie zum Schluss das Ende ab.

Material

Fotokarton in Dunkelbraun
Stickkarton in Weiß
Mappengummi in Weiß, 1,5 mm stark
Silber- oder Bronzestift
Buchstabenschablone
doppelseitige Klebefolie
Klebstift
Locheisen

Vorlage Seite 106

Schoko für Kids

Schokolade ist uns süße Kindheitserinnerung. Mit Lollis aus weißer Schokolade, Schoko-Popcorn und einer kleinen Version des Klassikers Kalter Hund kann man auch die nächste Generation für Schokolade begeistern. Probieren Sie's aus.

Schokolade am
Stiel, Push-up-Pops mit
Schokolade und Karamell,
Kalter Hund im Miniformat und
Popcorn im Schokokleid lassen
Kinderherzen höher schlagen. Da
können kleine Genießer nach Lust
und Laune naschen, schlecken,
knabbern und knuspern.
Auf die Schoko,
fertig, los!

Push-up-Pops
Kinderglück

Legen Sie acht Karamellbonbons zur Seite und geben Sie die restlichen Bonbons zusammen mit der Sahne in einen Topf. Alles unter Rühren zum Kochen bringen, bis die Bonbons geschmolzen sind. Geben Sie die Masse in eine Rührschüssel und stellen Sie sie mind. 12 Std. lang in den Kühlschrank.

Den Backofen auf 180 °C vorheizen. Die Eier trennen. Schlagen Sie das Eiklar mit einer Prise Salz auf. Geben Sie den Zucker nach und nach hinzu und schlagen Sie alles zu einer steifen Masse. Die Eigelbe nacheinander unterheben, dann das Mehl und den Kakao. Streichen Sie den Biskuitteig auf ein mit Backpapier ausgelegtes Blech. Backen Sie den Teig 10–12 Min. lang, bis er hellbraun ist. Nach dem Abkühlen Kreise mit dem Durchmesser der Push-up-Behälter ausstechen.

Schlagen Sie die Karamellmasse zu einer steifen Karamellsahne. Füllen Sie einen Spritzbeutel mit Sterntülle mit der Karamellsahne. Geben Sie je einen Biskuitkreis in einen Push-up-Behälter und drücken Sie ihn ganz nach unten. Geben Sie die restliche Karamellsahne in einen weiteren Spritzbeutel mit einer ca. 1 cm breiten Öffnung. Füllen Sie mit dem Spritzbeutel etwas Karamellsahne auf den Biskuitkreis und geben Sie wieder einen Biskuitkreis in die Form. Insgesamt drei oder vier Biskuitkreise im Wechsel mit der Karamellsahne hineingeben. Zum Schluss etwas Karamellsahne aus dem Spritzbeutel mit der Sterntülle auf den letzten Biskuitkreis spritzen.

Nun noch die beiseite gelegten Karamellbonbons würfeln und die Push-up-Pops damit bestreuen. Die Push-up-Pops halten sich im Kühlschrank 2–3 Tage.

Die Verpackungsidee für die Push-up-Pops finden Sie auf Seite 90/91.

Zutaten für 8 Push-up-Pops

Für die Karamellcreme
250 g weiche Karamell-bonbons
500 ml Sahne

Für den Schokobiskuit
5 Eier
1 Prise Salz
150 g Zucker (Kristall-zucker)
2 EL Kakao, ohne Zucker-zusatz, entölt
100 g Mehl

Sonstiges
6 Push-up-Behälter

Transparente Verpackung für die Push-up-Pops

Material

durchsichtige
Geschenkfolie
Tonpapier in Grün
Rahmenstempel
Stempelfarbe in Weiß
Fineliner in Schwarz
Ösen in Silber
Loch- und Ösenzange
Masking Tape
in Grün-Weiß gestreift
Satinband in Creme,
3 mm breit

Schneiden Sie für das Etikett ein 8,5 cm x 3 cm großes Rechteck aus dem grünen Tonpapier zu. Schneiden Sie an einem Ende des Rechtecks die Ecken schräg ab. Bestempeln Sie das Rechteck mit dem Rahmenstempel und der weißen Stempelfarbe. Lassen Sie die Farbe gut trocknen, bevor Sie das Etikett mit einem Gruß beschriften. Lochen Sie das Etikett und befestigen Sie die Öse.

Schneiden Sie aus der durchsichtigen Folie ein 16 cm x 18 cm großes Rechteck aus und wickeln Sie die Folie um den Push-up-Pop. Fixieren Sie die Folie mit dem grün-weißen Masking Tape am unteren Rand des Push-up-Pops. Binden Sie zum Schluss die Folie oben mit einer Schleife aus dem cremefarbenen Satinband zu und hängen Sie dabei das Etikett mit an.

Variante: Schneiden Sie das Etikett etwas länger zu, sodass Sie es als Schild um den Stiel des Push-up-Pops kleben können.

Schoko-Lollis
Leckerei mit Stiel

Zeichnen Sie mit einem Bleistift zwölf Kreise mit je 2 cm Abstand auf ein Backpapier. Legen Sie das Backpapier mit der bemalten Seite nach unten auf ein Backbrett.

Schmelzen Sie langsam 150 g Vollmilchkuvertüre und 10 g Kokosfett in einer Schüssel und 150 g weiße Kuvertüre und 10 g Kokosfett in einer anderen Schüssel im Wasserbad oder 1 Min. lang bei 600 Watt in der Mikrowelle. Die Schüsseln herausnehmen und die Massen jeweils gut umrühren. Beim Schmelzen in der Mikrowelle sollten Sie die angegebene Zeit nicht überschreiten, da die Schokolade schnell anbrennt.

Verteilen Sie die Kuvertüre gleichmäßig auf den Kreisen. Legen Sie die Lollistiele jeweils zu einem Drittel in die Kuvertüre. Beträufeln Sie die Stiele mit etwas Kuvertüre, sodass sie bedeckt sind. Nun gegebenenfalls noch kleine Schokosternchen aufstreuen. Lassen Sie die Schoko-Lollis abkühlen und legen Sie sie 2 Std. lang in den Kühlschrank.

Anschließend schmelzen Sie die jeweiligen Reste der Kuvertüre zusammen mit dem jeweils restlichen Kokosfett. Füllen Sie die Masse in Spritztüten und verzieren Sie die Lollis. Kühlen Sie die Lollis abermals. Die Lollis sind etwa 3 Monate haltbar.

Die Verpackungsidee für die Schoko-Lollis finden Sie auf Seite 94/95.

Zutaten für ca. 12 Stück (ø 8 – 10 cm)

200 g Vollmilchkuvertüre
200 g weiße Kuvertüre
30 g Kokosfett
12 Lollistiele, 20 cm lang
2 Spritztüten

Viel Glück

Viel Glück

Viel Glück

Viel Glück

Bunt verzierte Tüten für die Schoko-Lollis

Material

durchsichtige Geschenkfolie
Fotokarton in Weiß
Textstempel zum Selbersetzen
Stempelfarbe in verschiedenen Farben
Konturenschere mit Zackenrand
doppelseitiges Klebeband
Holzklammern
Masking Tape in verschiedenen Farben und Mustern

Schneiden Sie zunächst ein zur Größe des Lollis passendes Rechteck aus der durchsichtigen Geschenkfolie aus. Das Rechteck sollte 2 cm bis 4 cm breiter als der Lolli und 32 cm bis 34 cm lang sein. Falten Sie die Folie in der Mitte parallel zur kurzen Seite und kleben Sie den linken und rechten Rand jeweils mit dem Masking Tape zusammen.

Schneiden Sie für das Schild ein 2 cm x 6,5 cm großes Rechteck aus dem weißen Fotokarton aus. Verzieren Sie einen kurzen und einen langen Rand des Rechtecks mit der Konturenschere. Kleben Sie das doppelseitige Klebeband auf den langen geraden Rand des Rechtecks. Bestempeln Sie das Schild oberhalb des doppelseitigen Klebebandes. Kleben Sie das Schild von hinten auf den Rand der Lollitüte. Verschließen Sie die Folie, indem Sie sie mit einer Holzklammer am Lollistiel anklammern. Wer möchte, kann die Klammer vorher mit Masking Tape verzieren.

Schoko-Popcorn Knusper-Spaß

Erhitzen Sie das Öl in einem hohen Topf und geben Sie die Maiskörner hinzu. Schließen Sie den Topf mit einem Deckel und rütteln Sie ihn von Zeit zu Zeit. Wenn die Maiskörner aufgeplatzt sind, den Topf vom Herd nehmen. Füllen Sie das Popcorn in eine große Schüssel.

Geben Sie die Butter, den Zucker, den Sirup und die Milch in einen hohen Topf und erwärmen Sie alles, bis die Butter geschmolzen ist. Bringen Sie die Masse ohne Rühren zum Kochen und lassen Sie sie 2 Min. lang kochen. Nehmen Sie den Topf vom Herd und rühren Sie die Schokolade unter, bis alles geschmolzen ist.

Gießen Sie 2–3 EL der Schokoladenmasse über das Popcorn und vermischen Sie alles. Weitere Schokoladenmasse hinzugeben, bis das Popcorn gleichmäßig mit der Schokolade überzogen ist. Breiten Sie das Popcorn auf Backpapier aus und lassen Sie es trocknen. Das Popcorn ist luftdicht verpackt (z. B. in einer Blechdose) 2 bis 3 Tage lang haltbar.

Die Verpackungsidee für das Schoko-Popcorn finden Sie auf Seite 98/99.

Zutaten

3 EL Sonnenblumenöl
75 g Mais (Popcornmais)
2 EL Butter
50 g brauner Zucker
2 EL Ahornsirup
1 EL Milch
60 g Zartbitterschokolade, grob gehackt

Tüten mit Spitze
für das Schoko-Popcorn

Material
Papiertüte in Natur,
14,5 cm x 21 cm x 5,5 cm
Zellophantüte, 11,5 cm x
19 cm x 4,5 cm
Tassenspitzendeckchen
Buchstabenstempel
Stempelfarbe in Schwarz
Pappe, 1 mm oder
2 mm stark
Nadel und Faden in Rot
Locher
Geschenkband in Rot-Weiß
kariert, 5 mm breit
Klebstoff

Bestempeln Sie das Spitzendeckchen wie abgebildet mit den Buchstabenstempeln und roter Stempelfarbe. Fixieren Sie das Spitzendeckchen mit wenig Klebstoff auf der Vorderseite der Papiertüte. Stechen Sie mit der Nadel die Löcher zum Nähen der Ziernaht vor. Legen Sie dafür Pappe in die Tüte, damit Sie die Rückseite der Tüte nicht beschädigen. Nähen Sie dann das Deckchen an.

Verpacken Sie das Popcorn luftdicht in der Zellophantüte und stellen Sie die Zellophantüte in die Papiertüte. Klappen Sie die Papiertüte am oberen Rand ca. 2,5 cm breit nach hinten und lochen Sie sie durch alle Lagen hindurch. Verschließen Sie zum Schluss die Tüte mit einem rot-weiß karierten Geschenkband.

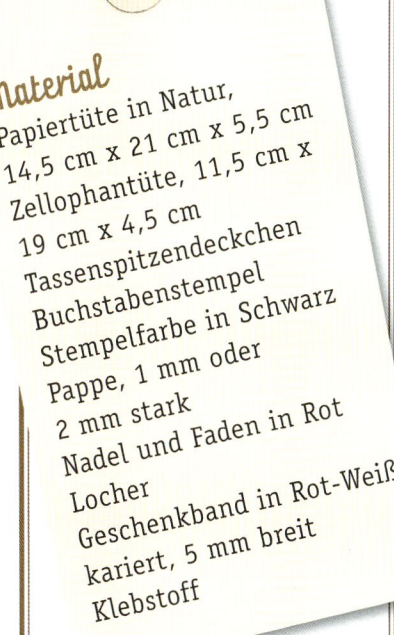

Kalter Hund

ganz klein

Schmelzen Sie das Kokosfett (100 g) in einem Topf und lassen Sie es leicht abkühlen. Fügen Sie durch ein Sieb den Puderzucker und das Kakaopulver hinzu. Rühren Sie alles zusammen mit dem Ei zu einer glatten Creme.

Legen Sie sechs Mulden eines Muffinblechs mit Frischhaltefolie aus. Bestreichen Sie den Boden der Mulden dünn mit der Creme. Schichten Sie dann abwechselnd die Butterkekse und die Creme. Schließen Sie mit einer Cremeschicht ab. Stellen Sie die Kuchen im Kühlschrank 2 Std. lang kalt.

Schmelzen Sie die Zartbitterschokolade und das Kokosfett (5 g) langsam in einer Schüssel im Wasserbad oder 1 Min. lang bei 600 Watt in der Mikrowelle. Die Schüssel herausnehmen und die Masse gut umrühren.

Stürzen Sie die Kuchen und bestreichen Sie sie mit der Kuvertüre. Evtl. mit Zuckerperlen bestreuen. Der Kalte Hund ist im Kühlschrank aufbewahrt etwa 1 Woche haltbar.

Die Verpackungsidee für den Kalten Hund finden Sie auf Seite 102/103.

Zutaten für 6 Stück

100 g Kokosfett
40 g Puderzucker
20 g Kakaopulver, ohne Zuckerzusatz, entölt
1 Ei
1 Pck. runde Butterkekse
80 g Zartbitterschokolade
5 g Kokosfett
evtl. bunte Zuckerstreusel oder Zuckerperlen

Windrad-Schachteln
für den Kalten Hund

Übertragen Sie die Schachtel von der Vorlage auf den gestreiften Fotokarton und den Schachteldeckel auf den weißen Fotokarton. Schneiden Sie beides an den durchgezogenen Linien aus. Falzen Sie den Fotokarton mit Falzbein und Lineal an den gestrichelten Linien von der Innenseite und an den gepunkteten Linien von der Außenseite aus. Kleben Sie doppelseitige Klebefolie auf die Laschen des Deckels und montieren Sie den Deckel.

Schneiden Sie für das Windrad ein 9,5 cm x 9,5 cm großes Quadrat aus dem gestreiften Karton zu. Zeichnen Sie mit Bleistift die Diagonalen auf das Quadrat auf und setzen Sie von den Ecken des Quadrats ausgehend auf den Diagonalen bei 3,3 cm eine kleine Markierung. Schneiden Sie nun den Karton bis zu den Markierungen ein und radieren Sie anschließend die Hilfslinien weg. Falten Sie jede zweite Zacke zur Mitte und kleben Sie die Zacken mit einem Kreisetikett in der Mitte des Windrads fest.

Bekleben Sie die Musterbeutelklammer mit Masking Tape und fixieren Sie damit das Windrad mittig auf dem Schachteldeckel. Den Kalten Hund in die Schachtel legen, die Schachtelränder hochklappen und den Deckel aufsetzen.

Material

Fotokarton in Rosa-Weiß oder Lila-Weiß gestreift
Fotokarton in Weiß
doppelseitiges Klebeband
Musterbeutelklammer
Masking Tape in Rosa oder Lila
Kreisetikett in Weiß, ø 1,6 cm

Vorlage Seite 107

Vorlagen

Schachteln mit Botschaft (Deckel)
Seite 14/15
Die Vorlage auf 200 % vergrößern

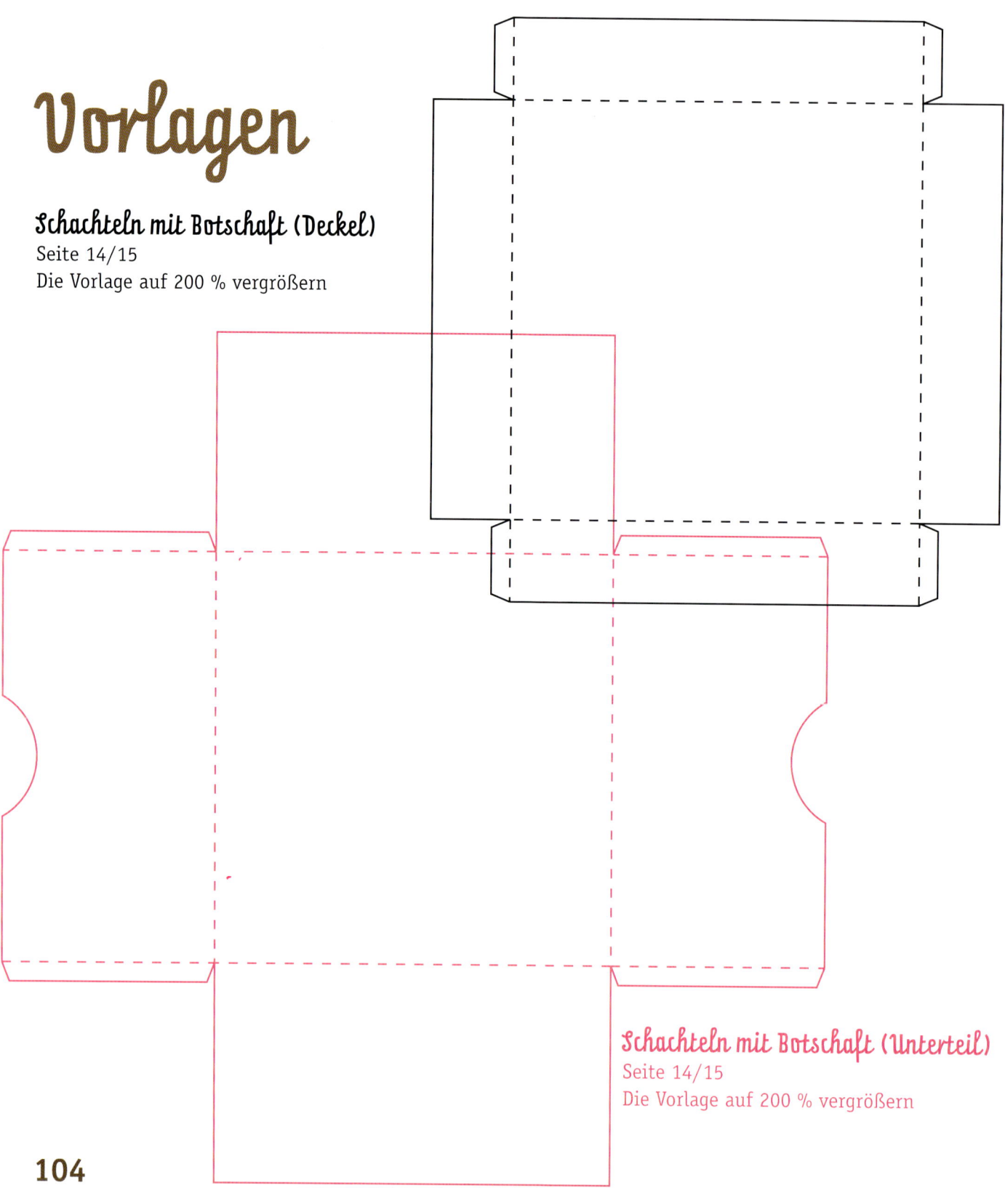

Schachteln mit Botschaft (Unterteil)
Seite 14/15
Die Vorlage auf 200 % vergrößern

Hübsches Tablett
Seite 18/19
Die Vorlage auf 200 % vergrößern

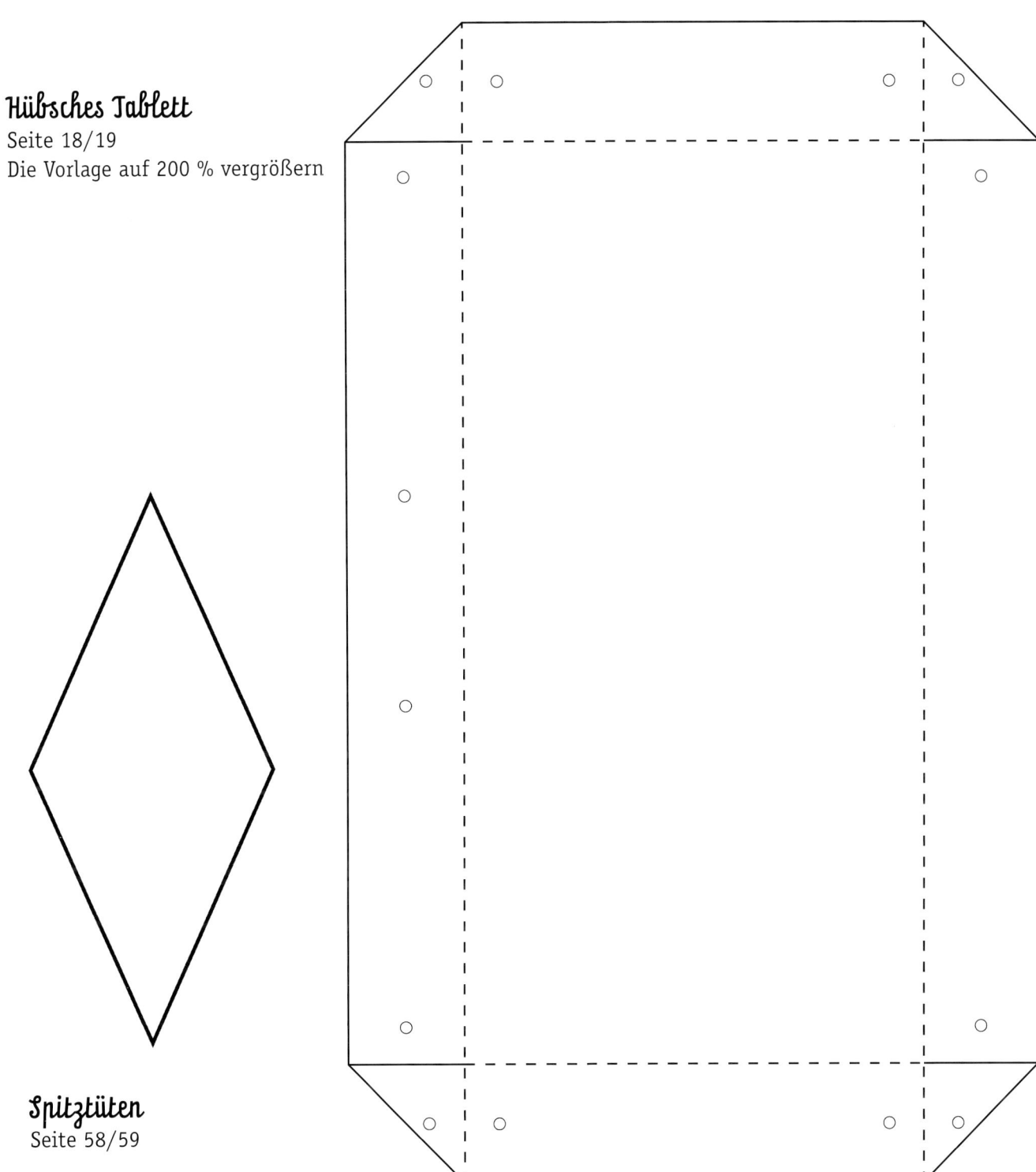

Spitztüten
Seite 58/59

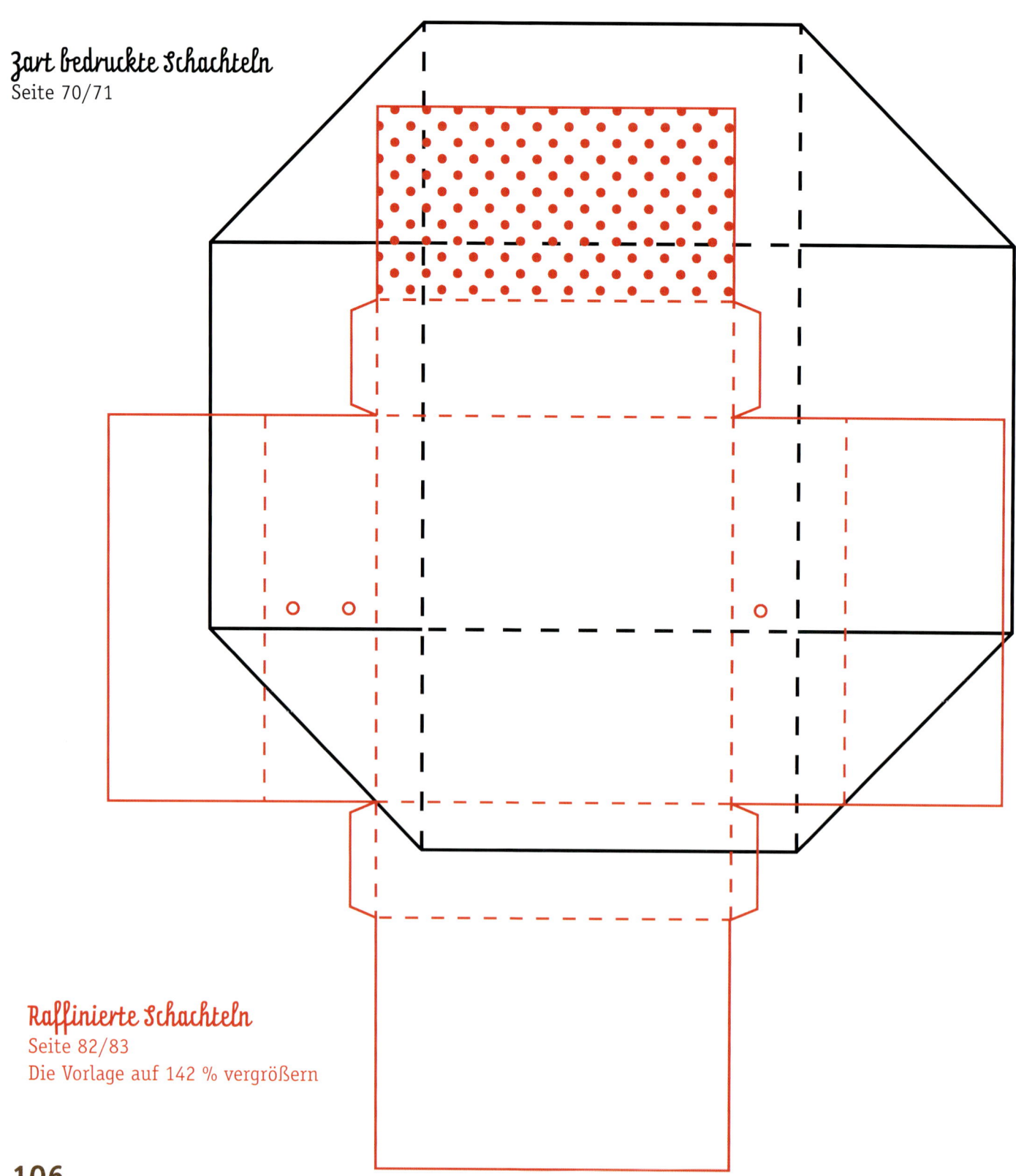

Raffinierte Schachteln
Seite 82/83
Die Vorlage auf 142 % vergrößern

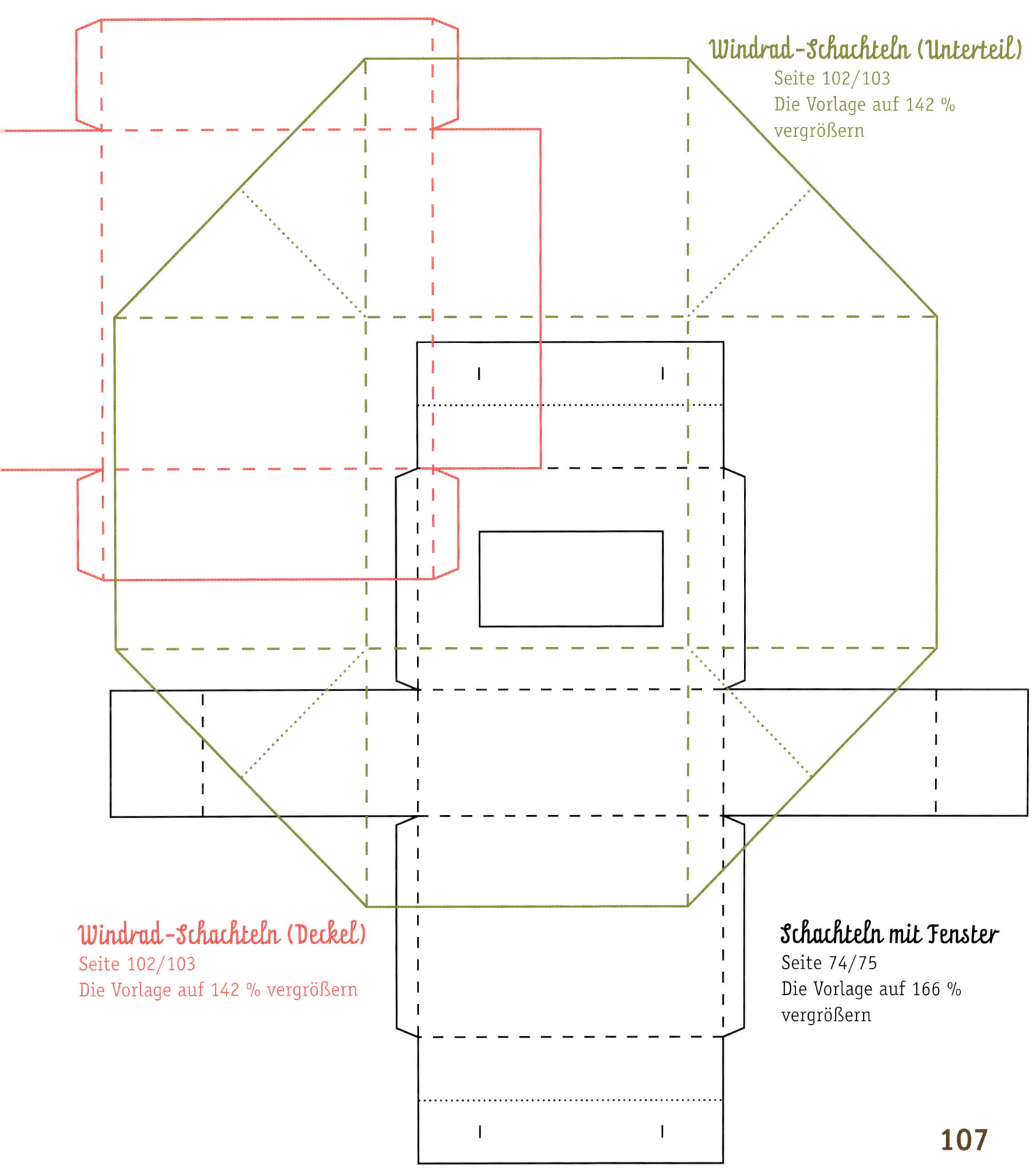

Windrad–Schachteln (Unterteil)
Seite 102/103
Die Vorlage auf 142 %
vergrößern

Windrad–Schachteln (Deckel)
Seite 102/103
Die Vorlage auf 142 % vergrößern

Schachteln mit Fenster
Seite 74/75
Die Vorlage auf 166 %
vergrößern

107

Die kreative Manufaktur
Selbermachen. Genießen. Verschenken.

Bücher aus der kreativen Manufaktur

TOPP 5900
978-3-7724-5900-9

TOPP 5901
978-3-7724-5901-6

TOPP 5902
978-3-7724-5902-3

TOPP 5903
978-3-7724-5903-0

In der kreativen Manufaktur entsteht Einmaliges und Unverwechselbares. Hier werden schöne Dinge noch mit Liebe und Leidenschaft von Hand gefertigt und mit Sorgfalt verpackt.

Die Welt der kreativen Manufaktur umfasst liebevoll gestaltete Bücher mit vielen Ideen für Hausgemachtes und Handgefertigtes.

TOPP 5904
978-3-7724-5904-7

TOPP 5905
978-3-7724-5905-4

TOPP 5906
978-3-7724-5906-1

TOPP 5907
978-3-7724-5907-8

TOPP 5908
978-3-7724-5908-5

TOPP 5909
978-3-7724-5909-2

TOPP 5910
978-3-7724-5910-8

Die kreative Manufaktur

im handlichen Geschenkformat

… weil kleine Geschenke die Freundschaft erhalten.

TOPP 5911
978-3-7724-5911-5

TOPP 5913
978-3-7724-5913-9

TOPP 5914
978-3-7724-5914-6

Die Autorinnen

Anna Postel

Mit einer Begeisterung für alles Schöne aus Stoff und Papier entschied sich Anna Postel nach dem Abitur zu einer Buchbinder-Ausbildung. Von 2007 bis 2012 studierte sie Buchkunst an der Burg Giebichenstein Kunsthochschule Halle und schloss das Studium als Diplomkünstlerin ab. Unter ihrem Label „Kleine Madame" vertreibt sie handgearbeitete Schachteln und genähte Einzelstücke.

Anna Postel

Karina Schmidt

Die Liebe zum Kochen entdeckte Karina Schmidt schon als Jugendliche. Die eigenen Rezepte „nur" Freunden oder der Familie zu präsentieren, reichte ihr jedoch irgendwann nicht mehr aus. Der Wunsch entstand, ein breiteres Publikum zu erreichen. Inzwischen hat Karina Schmidt mehrere Bücher zum Thema Kochen und kulinarische Entdeckungsreisen geschrieben, veranstaltet Kochseminare und arbeitet als freiberufliche Foodstylistin.

Karina Schmidt

Impressum

Rezeptentwicklung: Karina Schmidt
Verpackungsmodelle: Anna Postel

Fotos: frechverlag GmbH, 70499 Stuttgart; fotolia: Africa Studio (Seite 80 unten links, 86 oben Mitte, 87 unten links, 87 unten rechts), Barbara Pheby (Seite 47 rechts), BeTa-Artworks (Seite 80 oben rechts), by-studio (Seite 5 Mitte), Christian Jung (Seite 62 oben links), cook_inspire (Seite 63 unten rechts), Corinna Gissemann (Seite 56 unten rechts), CosyPictures (Seite 63 oben links), Creatix (Seite 10 oben links), Eva Gruendemann (Seite 76 unten rechts), Fotofund (Seite 62 unten rechts), Ideenkoch (Seite 10 oben rechts), Jana Behr (Seite 30 rechts), Jiri Hera (Seite 37 unten Mitte, 72 unten rechts), Joana Kruse (Seite 36 unten links), Johannes Zappe (Seite 46 Mitte), Karandaev (Seite 55 Mitte), Knipsit (Seite 10 unten rechts), kristina rütten (Seite 11 unten links), Kuvona (Seite 37 oben links), Maystock (Seite 36 oben rechts), monropic (Seite 11 unten rechts), Nailia Schwarz (Seite 10 oben Mitte), PhotoSG (Seite 36 oben links), Richard Villalon (Seite 76 unten links), Ruth Black (Seite 86 oben rechts, 86 unten rechts), Skala (Seite 48 unten rechts), M.studio (Seite 52 unten), Sven (Seite 47 Mitte), Winston (Seite 37 unten rechts, 46 rechts, 92 unten links); lichtpunkt, Michael Ruder, Stuttgart (alle übrigen)

Reihenkonzept: Katrin Hartmann
Produktmanagement: Katrin Hartmann
Lektorat: Susanne Dubbers
Markendesign und Layout: N I T R I B I T T Kommunikation & Design, Thomas Detlaf, Kischa Scheibe, Marco Schenck, www.nitribitt.com
Satz: elektrolyten, Petra Schmidt, München, www.elektrolyten.de

Druck und Bindung: Finidr s.r.o., Tschechische Republik

Hilfestellung zu allen Fragen, die Materialien und Kreativbücher betreffen: Frau Erika Noll berät Sie. Rufen Sie an: 05052/911858 (normale Telefongebühren)

1. Auflage 2013
© 2013 frechverlag GmbH, 70499 Stuttgart

ISBN 978-3-7724-5912-2
Best.-Nr. 5912